QRコードを読みこむと、ウェブサイトから折りかたの動画を見たり、折り紙用紙をダウンロードしたりできます。

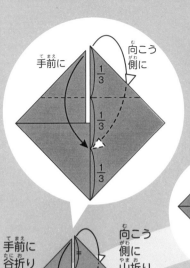

手前に　向こう側に

$\frac{1}{3}$　$\frac{1}{3}$　$\frac{1}{3}$

手前に谷折り　向こう側に山折り

折りすじをつける。

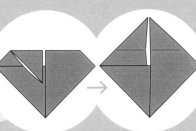

折りすじを元にもどす。

向こう側に山折り　手前に谷折り

折りすじをつける。

折りすじを元にもどす。

パーツⒶの完成！

つの　つの

パーツⒷの完成！

つの　つの

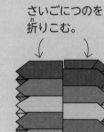

さいごにつのを折りこむ。

合体のしかた

パーツⒷ

パーツⒶ

ⒶのコップのようになっているところにⒷをさしこむ。

合体パーツ完成！

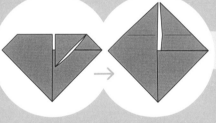

つのをⒷのコップのようになっているところにさしこんで合体

うら側も

この合体パーツを17色つくる。

つぎの色の合体パーツ

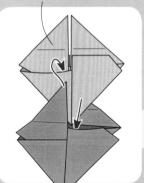

つぎつぎとさしこんでつないでいく。

17色の合体パーツがつながった！

SDGsのきほん

インフラ 目標9

著・稲葉茂勝　監修・渡邉 優

編さん・こどもくらぶ

SDGs基礎知識 ○✕クイズ

Q1 「イノベーション」は、英語の INNOVATION で、もとは「下部構造」の意味。

Q2 「インフラ」は、英語の INFRASTRUCTURE の略で、もとは「確信」の意味。

Q3 目標9に記されている「レジリエント」には、「復元・回復」の意味がある。

Q4 日本は、世界でもインフラ整備が非常に進んだ国である。

Q5 近年ようやく固定電話が普及しはじめた開発途上国では、携帯電話をつかっているのは、ごく一部の人だけである。

Q6 「IoT」とは、「もののインターネット化」のことで、日本をはじめとする先進国で、電化製品などがインターネットにつながるようになったことをさす。

Q7 「リープフロッグ」は、もともと「カエルとび」の意味。

Q8 近年、開発途上国では、太陽光発電と蓄電池を組みあわせた小規模発電が普及しはじめた。

Q9 SDGs目標9のターゲットに出てくる「後発開発途上国」という言葉は、開発途上国のなかでも、とくに開発がおくれている国ぐにのことである

Q10 携帯電話契約数の世界のランキングで、日本は、アメリカについで2位である。

答え **Q1** ✕ (→p10)　**Q2** ✕ (→p11)　**Q3** ○ (→p11)　**Q4** ○ (→p14)　**Q5** ✕ (→p6)　**Q6** ○ (→p19)　**Q7** ○ (→p21)　**Q8** ○ (→p23)　**Q9** ○ (→p30)　**Q10** ✕ (→p6)

カエルとびで、してやったり

文／稲葉茂勝　絵／バロン吉元

ここは、ある王国の王様の執務室。
この日は、けらいたちが王様に各地のかかえる問題について報告をおこなっていた。

王国西部の農村部の開発がおくれています。
首都に通じる道路整備をいそがないと、農村部の人びととの不満がどんどん高まります。

必要ない。
道路をつくれば、人びとが首都に集まりすぎてしまう。

南部では、水源の井戸をめぐって民族のあいだで、争いが起きています。争いの原因をなくすために、新たな水源をつくるほうがいいのではないでしょうか。

それも必要ない。
適当に争っているほうが、国民の不満が政府に向かなくてすむのだ。

「けらいども、報告はもういい。それより、バロンが
そろそろくるころではないか？」バロンとは、
王様のおいっ子で、海外留学から帰国していたのだった。

王様、おひさしぶりです。

おー、ようやくきたな。
世界のようすはどうじゃ。
いちばんおもしろかったことを
話してみろ。

はい。それなら、
リープフロッグ現象です。

なんじゃ、それは？
聞いたことがない。フロッグ？
カエルのことか？

さすが、おわかりで。

バカにするな！
リープフロッグとは
カエルとびの
ことじゃろ。

その通りです。
我が国より貧乏な国でも、
どんどん起きている
現象です。

2

貧しい国には、道路もなく、電気も通っていない。電話線もないのだから、固定電話はない。それなのに、多くの人が携帯電話をつかっているのです。

なるほど、おもしろい現象じゃな。道路をつくるとか、電気をひくとかしないで、カエルとびのように、ピョンと携帯電話をつかうようになるということか。

そこで王様が、けらいをよんだ。「我が国でも、もっと国民に携帯電話をつかわせよう。不満をまぎらわせられる。」この瞬間、バロンの目が光り、口元もほころんだ。してやったりといった顔つきだったが、いったい何を考えたのだろうか？

3

この本のはじめは、近年の世界のインフラ(→p11)とイノベーションの現状について、世界地図で見てみます。「イノベーション」とは、英語の INNOVATION で、「技術革新」のことです(→p10)。

「リープフロッグ現象」

先進国では、かつて固定電話が普及し、そののちに、携帯電話が普及しました。しかし近年、開発途上国では、固定電話よりも先に携帯電話が広がっています。この理由は、イノベーションにより、よいものが真っ先に取りいれられるようになったからです。

これは「リープフロッグ現象」とよばれ、社会インフラ(人びとの生活を支える社会基盤)が整っていない貧しい国ぐにに多く見られます。これまでの進歩の段階をいっきに飛びこえて、新しい技術やサービスが広がっているのです。

● 国・地域別*の携帯電話契約数　　＊国際電気通信連合の統計では国と地域をふくむ。

上位5か国

下位5か国（229の国・地域中）

1位 アラブ首長国連邦 208.50台

4位 クウェート 171.61台

2位 モンテネグロ 180.69台

225位 ジブチ 41.20台

228位 南スーダン 33.46台

226位 マダガスカル 40.57台

227位 マラウイ 39.01台

229位 中央アフリカ 27.41台

6

「携帯電話の広がり」

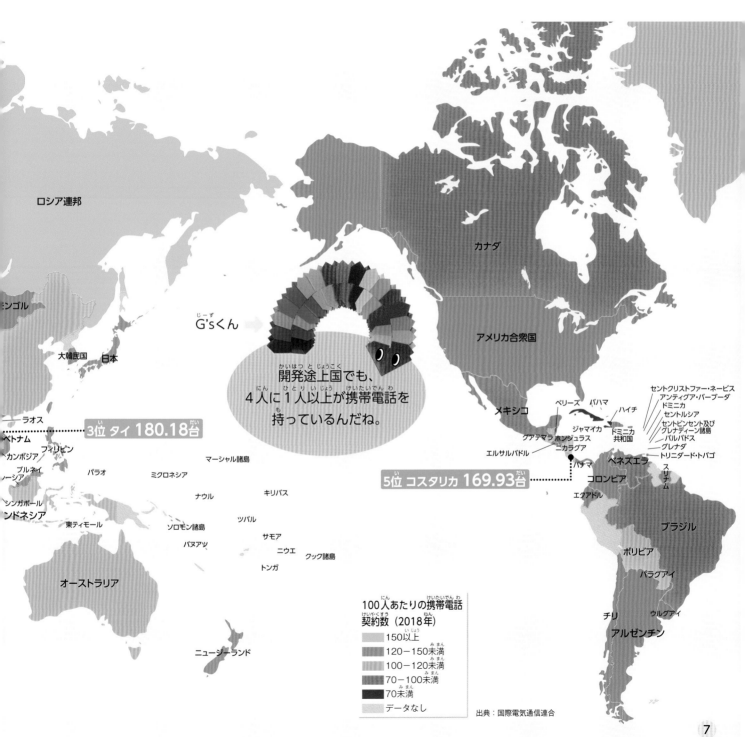

ロシア連邦

カナダ

ミンゴル

G'sくん

大韓民国　日本

アメリカ合衆国

開発途上国でも、
4人に1人以上が携帯電話を
持っているんだね。

ラオス

3位 タイ 180.18台

ベトナム

フィリピン

カンボジア

ブルネイ

ーシア

シンガポール

パラオ

ミクロネシア

ンドネシア

東ティモール

ナウル

ソロモン諸島

マーシャル諸島

キリバス

ツバル

サモア

ニウエ　クック諸島

トンガ

バヌアツ

メキシコ

ベリーズ　バハマ

グアテマラ　ホンジュラス

エルサルバドル

ニカラグア

ジャマイカ

ハイチ

ドミニカ
共和国

パナマ

5位 コスタリカ 169.93台

セントクリストファー・ネービス

アンティグア・バーブーダ

ドミニカ

セントルシア

セントビンセント及び
グレナディーン諸島

バルバドス

グレナダ

トリニダード・トバゴ

ベネズエラ

スリナム

コロンビア

エクアドル

ブラジル

ボリビア

パラグアイ

オーストラリア

ニュージーランド

チリ

ウルグアイ

アルゼンチン

100人あたりの携帯電話
契約数（2018年）

150以上

120-150未満

100-120未満

70-100未満

70未満

データなし

出典：国際電気通信連合

⑦

はじめに

みなさんは、このシリーズのタイトル「SDGs のきほん」をどう読みますか？「エスディージーエスのきほん」ではありませんよ。「エスディージーズのきほん」です。

SDGs は、英語の SUSTAINABLE DEVELOPMENT GOALs の略。意味は、「持続可能な開発目標」です。SDG がたくさん集まったことを示すためにうしろに s をつけて、SDGs となっているのです。

SDGs は、2015 年 9 月に国連の加盟国が一致して決めたものです。17 個のゴール（目標）と「ターゲット」という「具体的な目標」を 169 個決めました。

最近、右のバッジをつけている人を世界のまちで見かけるようになりました。SDGs の目標の達成を願う人たちです。ところが、言葉は知っていても、「内容がよくわからない」、「SDGs の目標達成のために自分は何をしたらよいかわからない」などという人がとても多いといいます。

SDGsバッジ

ということで、ぼくたちはこのシリーズ「SDGs のきほん」をつくりました。『入門』の巻で、SDGs がどのようにしてつくられたのか、どんな内容なのかなど、SDGs の基礎知識をていねいに見ていき、ほかの 17 巻で 1 巻 1 ゴール（目標）ずつくわしく学んでいきます。どの巻も「絵本で考えよう！ SDGs」「世界地図で見る」からはじめ、うしろのほうに「わたしたちにできること」をのせました。また、資料もたくさん収録しました。

さあ、このシリーズをよく読んで、みなさんも人類の一員として、SDGs の目標達成に向かっていきましょう。

稲葉茂勝

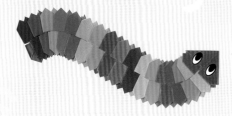

SDGが
たくさん集まって、
SDGsだよ。

もくじ

① 目標9「産業と技術革新の基盤をつくろう」とは?

SDGsの目標9の「テーマ」*は、英語で「INDUSTRY, INNOVATION AND INFRASTRUCTURE」。この本では、英語の INNOVATION と INFRASTRUCTURE などについて考えることからはじめます。

目標9の英語の原文と日本語訳

SDGs目標9のテーマは、「産業と技術革新の基盤をつくろう」ですが、目標としては、つぎの通りです。

9 産業と技術革新の基盤をつくろう

• Build resilient infrastructure, promote inclusive and sustainable industrialization and foster innovation

• 強靭（レジリエント）なインフラ構築、包摂的かつ持続可能な産業化の促進
（resilient）　（build infrastructure）（inclusive）（sustainable）（industrialization）（promote）

及びイノベーションの推進をはかる
（innovation）　　（foster）

「イノベーション」は、これまでの常識がかわるほどに、社会を大きく動かす技術革新のことだよ。これは、SDGs目標9について考えるときのキーワードになっているよ。

「イノベーション」とは?

最近、「イノベーション」という言葉がよくつかわれます。これは、なんとなくわかっていても、説明しにくい言葉です。「イノベーション」は、日本語では「革新」「一新」という意味ですが、ここでは、「技術革新」と訳されていま

す。かんたんにいえば、「技術の大きな変化」。また、「新しい活用法」などの意味もこめられています。

また、foster（育成する）は、「推進をはかる」と訳されています。

10　*SDGsの各目標は、文章で書かれている。それに対し、ロゴマークの上に書かれた短い言葉がある。それを「テーマ」とよんでいる。

世界最大級の東京ガス袖ヶ浦LNG（液化天然ガス）基地。
津波の被害を防ぐために、LNGタンクが地中にうめられている。

SDGsがわかりにくいわけ

「SDGsって、わかりにくい」とよく聞きます。それは、「イノベーション」「インフラ」「レジリエント」のようなカタカナ語が多くつかわれていることが、原因の1つだといわれています。

「インフラ」は、「infrastructure」の略で、もともとは、「下部構造」という意味。転じて「産業や生活の基盤として整備される施設」をさすようになりました。具体的には、上下水道や電気・ガスなどの施設のことです。道路・鉄道・港湾・通信施設など、広い意味では、病院・公園・福祉施設などもふくまれることがあります。

ここでは、「インフラ」に、「弾力性のある、回復力のある」という修飾語の「レジリエント」がついて、「困難な状況をはねかえすくらい頑丈な、また、仮にこわれてしまっても復元・回復できるインフラ」という意味でつかわれています。この「レジリエント」という言葉がつかわれていることから、SDGs目標9が、丈夫なインフラを建設することだけでなく、インフラが失われた場合、その復元・回復をめざすことも目標となっていることがわかります。

②レジリエントなインフラの整備が必要なわけ

世界中で自然災害がふえてきているいま、災害に強く、また、こわれてもすみやかに復旧できる「レジリエント（強靱）なインフラ」という考えかたが打ちだされるようになってきました。

インフラの重要性

インフラは、国が経済成長をしていくための基盤です。開発途上国では、新たな産業を起こすため、水道や電気などの人の生存にかかわるインフラはもちろん、鉄道、道路、通信など、生活を便利にするためのインフラの整備が欠かせません。

一方、日本をはじめとする先進国では、レジリエントなインフラ（→p11）づくりが注目されています。なぜなら、近年では巨大な台風や津波、洪水など、さまざまな自然災害が増加、かつ甚大化して、これまでに整備されてきたインフラが破壊されることが多くなっているからです。このため、災害が起きてもかんたんにはこわれないように、また、仮に破壊されてもすぐに復旧できるようにそなえておくことが求められているのです。

世界最大のダムである中国の三峡ダム。2020年、記録的豪雨による決壊の危険が出たことで、数千人の住民が避難することになった。こうした大規模なインフラは万が一こわれたときのリスクが大きい。

イノベーションが必要

　これまで、エネルギーをつくるインフラは、火力発電所や水力発電所が中心でした。ところが、火力発電所は、地球温暖化をもたらす二酸化炭素を多く排出することや、火力発電につかう化石燃料が地球上からどんどんなくなっていることなどから、それにかわる代替エネルギーとして、風力発電や太陽光発電などの再生エネルギーが注目されるようになりました（→『エネルギー』の巻）。

台湾に輸出された日本の新幹線。技術革新によって、地震が起きても脱線しないしくみなどが開発されており、世界最高水準の安全性といわれる。

②レジリエントなインフラの整備が必要なわけ

　また、これまで原子力発電所が、日本をふくむ世界各国でどんどん建設されてきましたが、人類は深刻な原子力発電所の事故をなんども経験してきました。そのことから、近年では、原子力発電をおこなわないようにすると表明した国も出てきたのです。こうしたなかで、資源を効率的につかう持続可能な産業をつくりだすためには、イノベーション（技術革新→p10）が欠かせないといわれるようになりました。

レジリエントなインフラづくりのために、技術革新が重要なんだね。

日本は、世界のなかでもインフラの整備が進んだ国です。蛇口をひねればいつでもきれいな水が飲めます。全国どこででも電気やガスがつかえます。

技術力の高さ

　日本では、道路の下には水道管のほか、ガス管や下水道、送電線や通信回線も通っています。日本のインフラは、世界でも質の高さが評価されています。

　ところが、そんな日本でさえ、地震や洪水などの災害が発生すると、「インフラが破壊された」「ライフラインが寸断された」などという言葉が飛びかいます。

　2011年の東日本大震災や2016年の熊本地震などでは、インフラがはげしく破壊されました。福島第一原子力発電所の事故の直後、首都圏で約405万軒が停電。その後も電力が足りず、国民に節電がよびかけられました。ところが、まもなくして電気が復旧しました。すると、日本の技術力の高さに対し、世界中でおどろきの声があがりました。でも、こうした日本でさえ、いっそうのレジリエントなインフラづくりが求められているのです。

衛星電話の電波を送受信するパラボラアンテナ。災害時の通信手段としてもつかわれる（群馬県みどり市）。

22万ボルトの地中送電線。都心部に電気を送るために、超高圧で電気を送る地中送電線がつかわれている。

インフラ

日本の水道と下水道の普及率

　日本の水道の普及率は、98.0%（2018年）と非常に高くなっています。日本では昔から水を確保するため、さまざまな努力を重ねてきました。品質のよい水を供給するための水道技術がどんどん進歩してきました。

　下水道の普及率は、79.3%（2019年3月）で、5人のうち約4人が下水道を利用できる状況にあります。ただし、県別や市町村別の普及率はまちまちで、地域によって格差が見られます。

内径約6mの雨水管。下水道は、生活排水を流したり、地面にたまった雨水を排除して浸水からまちを守ったりする役割がある。

もっとくわしく

海水の淡水化

　世界の水不足を解消する方法の1つとして、海水の淡水化が注目されている。淡水化の方式には「蒸留式」や「逆浸透法」などがある。「蒸留式」は、海水を熱して水蒸気をつくり、ふたたび冷やして真水にする方法のこと。できあがった淡水の塩分濃度は低いが、その工程に多量のエネルギーを用いる必要があり、効率が悪い。これに対し「逆浸透法」は、海水に圧力をかけて、逆浸透膜というろ過膜に通し、海水の塩分を取りのぞく方法。現在、1日1万㎥以上の淡水を生みだす大型の機械は、ほとんどこの方式を採用している。逆浸透膜の大部分が、日本製となっている。

③ 開発途上国が求めるインフラ

現在、日本をふくむ先進国では、インフラはあたりまえの存在です。
でも、開発途上国では、インフラ整備が進んでいないことが貧困の
大きな要因になっています。

開発途上国へのインフラ支援

開発途上国では、何よりもまず人びとが生きるために、社会インフラ（→p6）の整備が欠かせません。世界には、安全な飲み水を利用できない人が22億人いて、不十分な衛生環境におかれている人が24億人いるといわれています（→『水とトイレ』の巻）。また、日本ではあたりまえに予防や治療ができる肺炎、下痢、マラリアにより、５歳未満の子どもが年間400万人以上も命を落としています（→『健康と福祉』の巻）。こうしたことから貧しい国では、上下水道、医療、教育などの整備が緊急に必要だといわれています。現在多くの国や企業が開発途上国の社会インフラの整備を支援していますが、まだまだ不十分です。

開発途上国には、上下水道が整備されていない地域がたくさんある。このことは、人の健康や命にもかかわる問題だ。

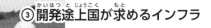

開発途上国には、道路や橋が整備されていない地域が多くあり、雨などで通れなくなると生活や仕事に支障が出てしまう。

もっとくわしく

東アジアの奇跡

第二次世界大戦後、東アジアの1人あたりのGDP（→p30）は、アフリカのサハラ砂漠より南の地域とほぼ同水準だった。ところが、1960年代から1990年代に、東アジアの日本、韓国、台湾などの国ぐにが急激な経済発展をとげた。世界銀行は1993年のレポートで、この経済発展に注目し、「東アジアの奇跡」とよんだ。また、インフラの整備が経済発展に大きな影響をあたえたと指摘された。日本では、戦後、発電所や製鉄所、新幹線や高速道路などがつぎつぎと建設されて、高度経済成長（→p30）の原動力となった。日本の成功は、現在の開発途上国の政策にも影響をあたえている。

「経済インフラ」とは？

　国を維持するためには、経済発展が必要不可欠です。経済を支えるインフラは、「経済インフラ」とよばれます。輸送のための道路や港湾、電気やガスなどのエネルギー、そしてインターネットなどの通信がそれにふくまれています。

　開発途上国の農村では、道路がなかったり、あっても雨で浸水してしまっていたりして、農村の人たちは、都市へ農産物を売りにいくことがむずかしくなっています。

　こうして経済活動に参加できないことは、農村の人たちが貧困からぬけだせない一因になっているのです。

経済インフラが整備されないと、その地域の貧困は解消されないんだよ。

1963年に工事が完了した黒部ダムは日本最大級で、関西地方の電力を支えつづけている。

④ そもそも通信とは？

「通信」は「情報の伝達」を意味する言葉です。人類はながい歴史のなかで、いろいろな情報伝達の手段を身につけて発展させてきました。近代になると、急激にその技術が発展し、種類もふえてきました。

文字がイノベーション

情報伝達に欠かせないのが、文字です。文字があるからこそ、手紙、郵便制度、電報、ファックスなどができてきたのです。現在では、情報伝達もイノベーションにより、パソコン、携帯電話・スマートフォンなどがつぎつぎに登場し、文字のやりとりはどんどん進化しています。

時代をさかのぼり、人類は文字を発明する以前には、たいこの音や音楽、のろしなど、文字以外のものを情報伝達の手段として利用していました。

ということは、じつは文字そのものが、イノベーションだということなんだね。

通信革命と通信のインフラ

「通信」とは「メディアを用いた隔地間のコミュニケーション」と定義されることがあります。「メディア」は、新聞・テレビ・ラジオをさすこともありますが、本来は、「媒体」「手段」「方法」と訳されます。

こうした現代の「通信インフラ（通信に関する社会基盤・設備・施設）」は、ものすごい速度で整備されてきました。そして、開発途上国の通信インフラの整備のしかたに、これまでとことなる変化が見られるようになりました。それが、6ページに記した「リープフロッグ現象」です。

開発途上国では、イノベーションが進み、これまでとちがったかたちで通信インフラが整備されるようになりました（→p21）。

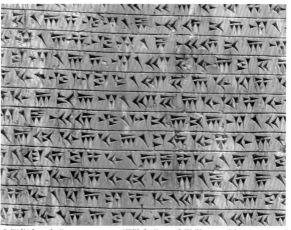

世界最古の文字といわれる「楔形文字」。紀元前3500年ごろからつかわれだした。

アメリカではじまったドローン（小型の無人飛行機）による宅配サービス。通信技術の向上によって人の目が届かないところでも安全に飛行できるようになった。

IoT時代到来

インターネットはこれまで、パソコンやサーバー、プリンターなど、コンピューターに関連する機器で利用されているだけでした。ところが最近では、テレビやデジタルカメラなどの家電もインターネットにつながるようになりました。「スマート家電」「スマートハウス」（→p30）などといわれるように、家中のあらゆるものがインターネットに接続することで、より多くの機能をもつようになってきたのです。

また、上下水道や医療などの社会インフラもインターネットにつながり、水道を適切に管理したり、医療情報を共有したりすることなどもできるようになってきました。これが「IoT革命」（→p30）です。

今後も都市全体にわたるあらゆるものが、インターネットにつながっていき、新しい公共サービスなどの新たなビジネスが生まれるといわれています。

もっとくわしく

IoTの進化

「IoT」とは「もののインターネット化」という意味の Internet of Things の略語。独立して機能していた家電製品などの「もの」が、インターネットにつながって新たな価値を生みだすことを意味する。IoTを支えるこれからの通信インフラを、災害などの際にどうやって守るかが大きな社会的課題になっている。

⑤ インターネットにアクセス できる人・できない人

現在、世界の40億人がインターネットにアクセス（利用）できていないといわれています。しかも、そのほとんどが、開発途上国の人びとです。

インターネットも基本的な人権

「基本的な人権」とは、人間が人間として当然もっている基本的な権利のことです。日本では、憲法で思想・表現の自由（自由権）などが、基本的人権として保障されていますが、近年、インターネットにアクセスする権利も基本的な人権の１つだという考えが出てきました。世界では、そのことを法律に定めている国（フィンランド、エストニアなど）もあります。日本では、まだそこまでにはなっていませんが、インターネットなどのICT（情報通信技術）がつかえるか、つかえないかによって、つける職業や得られる収入に大きなちがいが生じ、人びとの生活に格差（情報格差）をもたらすようになるといわれています。このため、日本でも個人間や地域間の情報格差をなくさなければならないと考えられているのです。

ところが開発途上国では、通信インフラがなく、インターネットにアクセスできない地域がまだまだたくさんあります。そうした地域にくらす人びとは、インターネットの進歩からおいていかれてしまい、情報格差によっていっそう貧しくなってしまっているのです。

タブレットをつかって授業を受ける子どもたち（ジンバブエ）。インターネットの普及は教育分野への影響も大きい。

携帯電話とリープフロッグ

「リープフロッグ」(→p6) は、もともと「カエルとび」を意味する英語ですが、いまでは道路や電気といったインフラが未整備の地域が最新技術の導入によっていっきに発展することをさす言葉としてもつかわれています。

現在、開発途上国では、携帯電話の利用者数が急速にふえており、それにともなってリープフロッグ現象が広がっています。その結果、人びとのくらしは、少しずつ豊かになりはじめました。でも、すべての人がインターネットに容易にアクセスできる状況にはなっていません。携帯電話で手軽にインターネットを利用することができれば、くらしがいっそう進歩すると期待されています。

携帯電話の送金サービスを利用する人たち（ウガンダ）。

SDGs目標9のターゲットに「後発開発途上国 (→p30) の人がインターネットを利用できるようにする」があるのは、こうした背景があるんだよ。

▶ もっとくわしく

■ モバイルバンキング

「モバイルバンキング」とは、携帯電話でインターネットにアクセスし、銀行のサービスを利用すること。アフリカのケニアでは、銀行が全国につくられるよりも携帯電話のほうが先に国民に浸透したため、モバイルバンキングが普及している。安全に貯蓄ができるようになったのだ。このことも、リープフロッグがもたらした進歩だ。

▶ もっとくわしく

■ リープフロッグがもたらしたおどろき

2011年の「アラブの春」(チュニジアやエジプト、リビアなどの独裁政権に対する民主化運動) も、リープフロッグ現象が背景にあった。ICTの飛躍的な向上によって、人びとが1つになって民主化運動を起こすことができた。なお、アラブの春で倒された独裁政権にとっては、国民が容易に世界の情報を入手できないほうが都合がよかったといわれている。

インフラ投資の資金がない開発途上国ではいま、送電網（グリッド）に頼らない電気インフラ（オフグリッド）が注目されています。

大規模な電気インフラ

　先進国ではすでに、大規模な「電気インフラ」が整備され、発電所でつくった電気は、変電所や送電線を通って、ビル、工場、学校、病院、住宅に届けられます。「電気インフラ」とは、こうした経路のすべてをまとめていう言葉です。

　火力発電所や水力発電所などで発電された電気は各方面に送られます（送電）が、その途中で電気の一部が失われてしまいます。このため、消失する電気の量（消失電力）を少なくするように、電気を送りだすときには電圧を高くしておき、変電所で電圧をさげながら各家庭や施設に送電するしくみがつくられています。しかし、それには発電所・送電線・変電所といった巨大な電気インフラが必要で、巨額のお金がかかります。そのため、開発途上国、とくに農村部では、未電化（→『エネルギー』の巻）の状態の地域がまだ多くあるのです。

世界最大の火力発電所である日本の富津火力発電所。

貧しい国では、送電時の消失電力が発電時の電力の50％をこえている（2019年）。送電線の劣化や紛争などによって破壊されているところがあることも影響している。

小規模太陽光発電

グリッドにたよらない電気インフラ

送電網に頼らない電気インフラを「オフグリッド」といいます。このオフグリッドは、人口が少ない地域や高い山にかこまれている地域、治安が悪く送電線の建設がむずかしいような地域などで、現在注目されています。

オフグリッドとしてもっとも普及しているのが、太陽光発電と蓄電池を組みあわせた設備です。各家庭に太陽光発電パネルを設置して電気をつくり、蓄電池にためます。いったんフル充電すれば、数日間は電気を利用できるというものです。これは、大きな電力はまかなえませんが、携帯電話の充電にはじゅうぶんです。なお、このシステムは、日本のお金にすると1家庭あたりおよそ5万円で整備できるといわれています。

家庭用太陽光発電でつくられた電気で携帯電話を充電する人たち（アフリカ）。

⑥ わたしたちにできること

「産業と技術革新の基盤をつくろう」というテーマをかかげる目標9達成のために、わたしたちができることの第一歩は、「イノベーション」「インフラ」「レジリエント」の3つの言葉の理解からです。

理解する・考える・話しあう

SDGsの目標は、むずかしい言葉が多くて、とっつきにくいといわれています。とくに目標9では、「イノベーション」「インフラ」「レジリエント」はわかりにくいといわれます。でも、目標9の達成のためには、わたしたちもこの3つの言葉の意味を理解しなければなりません。

理解するには、考えなければなりません。1人で考えるよりも、家族や友だちなどと話しあうほうが、理解が深まります。

たとえば、「身近なイノベーションには、どういうものがあるか？」「身近なインフラにはどういうものがあるか？」など、みんなで話しあいながら、わたしたちにできることがほかにないかと、考えてみてはどうでしょうか。

中国の経済特区、深圳市は世界中のベンチャー企業や研究開発機関が集まり、経済成長をとげている。まち中がネットワークでつながり、多くのバスやタクシーなどが自動運転で走っている。

現代のイノベーション

道路や鉄道、上下水道、発電所や送電網、インターネットなど、人びとの生活を支え、産業の基盤となるのが、「インフラ」です。このような先進国のインフラは、これまで人類が生みだしたイノベーションのおかげでつくられてきたのです。

AIもイノベーション

18ページでは、人類史上で大きなイノベーションの1つとして、文字が登場したことを記してありますが、現代では、インターネットの登場が大きなイノベーションとしてあげられます。しかも、近年は、インターネットがあらゆるものにつながる（IoT→p19）ことで、人びとの生活が大きく変化してきました。こうした状況を支えるイノベーションが「AI（人工知能）」です。

最近では、AIの発達によって、さまざまなものが自動化され、さらに、インターネットとAIが組みあわさることで、より便利な世界を実現しています。その一例が、自動車の自動運転。自動車に組みこまれたAIがインターネットとつながることで可能となった技術です。

いま、日本をはじめとする先進国では、このようなイノベーションで生まれた新しい技術が、人びとの生活のなかにどんどん見られるようになりました。

どんな新しいサービスが生まれているのかな？　自分の身のまわりをチェックしてみよう。そうすることも、SDGs目標9の達成のための「わたしたちにできること」になるんじゃないかな。

⑦ だからSDGs目標9

「産業と技術革新の基盤をつくろう」というSDGs目標9のテーマがなぜ必要なのか、ここでもう一度確認してみましょう。

SDGsの具体的目標

SDGsは、世界中の国ぐにが「ターゲット」とよばれる具体的目標の一つひとつを達成できているかどうかをチェックすることにより、その国の目標の達成度がわかるようになっています。

SDGs目標9の場合、ターゲットは28ページにしめす9.1から9.5と、9.a、9.b、9.c です。なお、9.a、9.b、9.c は、9.1 から 9.5 を達成するための方法や手順を示しています。

アメリカのマサチューセッツ工科大学の研究室。多くのイノベーションにつながる技術が生みだされている。

9.a　開発途上国における持続可能でレジリエントなインフラ開発をすすめる。

9.b　開発途上国での技術開発や研究、イノベーションを支援する。

9.c　2020年までに後発開発途上国の人がインターネットを利用できるようにする。

3つの「イ」とレジリエント

現在、目標9に関してもっとも注目されているのが、上記の3つのターゲットだといわれています。

この本では、**インフラ**、**イノベーション**、**イ**ンターネット（3つの「イ」）と、レジリエントについてくわしく説明してあります。それは、いま注目されているターゲット 9.a、9.b、9.c に明記されている重要な用語だからです。

世界を持続可能にしていくためには、開発途上国だけでなく、先進国でも、レジリエントなインフラとイノベーションが必要。だから、SDGs目標9がつくられたのです。

くもの巣チャートで考えよう!

「産業と技術革新の基盤をつくろう」というSDGs目標9は、ほかのすべての目標がそうであるように、すべての目標と関係しています。でも、下の太い線で示した目標7、目標8、目標10、目標11、目標12は、とくに関係が深いものです。

目標7、目標11は「社会分野」に、目標8、目標9、目標10、目標12は「経済分野」に分類されるよ。

8 イノベーションにより、あたらしいインフラが整備できれば、開発途上国でも、手軽にエネルギーやさまざまなサービスなどが利用できるようになる。その結果、目標8にうたわれているように、地域の生産性が向上して、人びとの生活が豊かになり、生きがいも高まる。

10 世界中でインフラが整備されれば、目標10「人や国の不平等をなくそう」の達成に近づく。たとえば、2011年の民主化運動「アラブの春」(→p21)により独裁政権が倒されたが、この背景にはインターネットの普及というリープフロッグ現象があると考えられている。

11 目標11の達成には、レジリエントなインフラ、イノベーションが必要。近年、インターネットとAIの技術革新により、自動運転の自動車が走るなど、未来型の都市が構想されている。

7 すべての人がエネルギーをつかえるようになるには、イノベーションやインフラの整備が不可欠。たとえば、22、23ページで紹介した小規模太陽光発電は、イノベーションが可能にした新たなインフラ整備のよい例だ。

12 目標9は、目標12とも深く関係している。なぜなら、技術革新によりゴミをへらしたり、効率的にリサイクルをしたりすることができるようになるからだ。

目標9のターゲットの子ども訳

SDGsの全169個のターゲット（→p26）は、もともと英語で書かれていました。それを外務省が日本語にしたのが、右側の　　　に記したものです。むずかしい言葉が多いので、このシリーズでは、ポイントをしぼって「子ども訳」をつくりました。

9.1　持続可能で災害に強いインフラをつくり、経済発展と福祉を支援する。

人びとの健康で安全なくらしが守れるインフラを開発する必要がある。

9.2　各国の状況に応じた産業を起こして雇用を生みだす。後発開発途上国（→p30）では、それをいっそう強化する。

地球上のだれ一人取り残されない、持続可能な産業化を進める。

9.3　開発途上国の小規模製造業にとって資金調達や市場参入がしやすい環境を整える。

小さな規模の工場や会社が安くお金をかりられるようにする。

9.4　2030年までに、資源を効率よく利用したり、環境にやさしい技術を導入したりするなど、インフラや産業の持続可能性を高める。

2030年
2028年
2026年
2024年
202

それぞれの国が能力に応じて、持続可能な成長を目指して取りくむことが重要。

9.5　開発途上国をはじめとするすべての国ぐ
にの産業において、科学研究を促進し、技術
能力を向上させる。

開発途上国をふくむすべての国が情報に取りのこされず、科学技術を活用できるようにする。

9.a　開発途上国における持続可能でレジリエン
トなインフラ開発を進める。

9.b　開発途上国での技術開発や研究、イノ
ベーションを支援する。

産業発展につながる技術開発を支援したり、価値のある商品をつくりだしたりするための政策を実行することが大切。

9.c　2020年までに後発開発途上国の人びとが
インターネットを利用できるようにする。

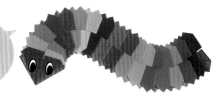

□はおとな向けに書かれていてむずかしいね。

目標9のターゲット（外務省仮訳）

9.1　全ての人々に安価で公平なアクセスに重点を置いた経済発展と人間の福祉を支援するために、地域・越境インフラを含む質の高い、信頼でき、持続可能かつ強靱（レジリエント）なインフラを開発する。

9.2　包摂的かつ持続可能な産業化を促進し、2030年までに各国の状況に応じて雇用およびGDPに占める産業セクターの割合を大幅に増加させる。後発開発途上国については同割合を倍増させる。

9.3　特に開発途上国における小規模の製造業その他の企業の、安価な資金貸付などの金融サービスやバリューチェーンおよび市場への統合へのアクセスを拡大する。

9.4　2030年までに、資源利用効率の向上とクリーン技術および環境に配慮した技術・産業プロセスの導入拡大を通じたインフラ改良や産業改善により、持続可能性を向上させる。すべての国々は各国の能力に応じた取り組みを行う。

9.5　2030年までにイノベーションを促進させることや100万人当たりの研究開発従事者数を大幅に増加させ、また官民研究開発の支出を拡大させるなど、開発途上国をはじめとするすべての国々の産業セクターにおける科学研究を促進し、技術能力を向上させる。

9.a　アフリカ諸国、後発開発途上国、内陸開発途上国及び小島嶼開発途上国への金融・テクノロジー・技術の支援強化を通じて、開発途上国における持続可能かつ強靱（レジリエント）なインフラ開発を促進する。

9.b　産業の多様化や商品への付加価値創造などに資する政策環境の確保などを通じて、開発途上国の国内における技術開発、研究およびイノベーションを支援する。

9.c　後発開発途上国において情報通信技術へのアクセスを大幅に向上させ、2020年までに普遍的かつ安価なインターネット・アクセスを提供できるよう図る。

SDGs関連用語解説

IoT革命 ……………………………………… 19
IoTとは「Internet of Things」の略。インターネットにさまざまなものを接続することで、人びとのライフスタイルや、社会全体が大きく変化していくこと。

ICT ……………………………………… 20
コンピューターやインターネットなどの情報通信技術のことで、「IT（情報技術）」に「Communication（通信）」が加わった用語。

アラブの春 ……………………………… 21、27
チュニジアで2010年、警察に抗議して焼身自殺をした青年への同情をきっかけに、中東の国ぐにで広がった民主化運動。背景には、若者の高い失業率があったといわれる。また、2000年代に中東の国ぐにが情報産業の育成に力を入れた結果、ソーシャルメディアが発達し、反政府的な発言が共有されやすくなったといわれている。

高度経済成長 ……………………………… 17
1960年代に日本経済がほかの国に例を見ない急成長をとげたことをさす言葉。エネルギー革命といわれる石炭から石油への転換や、産業の大型化・集中化が進んだ。

後発開発途上国 ………………………… 21、28
開発途上国のなかでもとくに開発がおくれている国ぐに。1人あたりのGNI（国民が国内外で1年間に得た所得の合計）や、HAI*などを基準にして、当該国の同意の上、国連総会で認定される。2018年12月時点で、47か国が認定されている。

＊栄養不足人口の割合、5歳以下の乳幼児死亡率、妊産婦の死亡率、中等教育就学率、成人の識字率を指標化したもの。

GDP ……………………………………… 17
英語の「Gross（総計）Domestic（国内の）Product（生産物）」の頭文字で、国内総生産のこと。ある国のなかで生産された商品やサービスの付加価値（企業が生産によって新しく生みだした価値）の全体の合計額。経済成長率は、GDPの伸び率のことをさす。

情報格差 ……………………………………… 20
ICTが社会生活の基盤となった状況において、情報をもつ人ともたない人とのあいだで生じた格差のこと。豊かな人びとがコンピューターやインターネットで情報を得てさらに経済力を高めるため、インターネットを利用できない貧困層とのあいだに大きな経済的・社会的格差が生じている。

スマート家電 ……………………………… 19
インターネットに接続することで、便利な機能が備えられた家電製品のこと。スマートフォンと家電を連携することで、リモコンがなくても外出先からエアコンの電源を入れたり、洗濯機を回したりするなどの遠隔操作ができるほか、電力の使用量の確認など、さまざまなことがおこなえる。

スマートハウス ……………………………… 19
ICTを活用して家庭内のエネルギーの消費を最適に制御する住宅のこと。太陽光などの自然エネルギーから発電した電気を家庭用蓄電池などにたくわえたり、さまざまな電気機器や家電などをネットワークでつないでコントロールしたりすることで、エネルギーを効率的に利用することができる。

※数字は、関連用語がのっているページを示しています。

さくいん

■著
稲葉茂勝（いなばしげかつ）
1953年東京生まれ。東京外国語大学卒。編集者としてこれまでに1350冊以上の著作物を担当。著書は80冊以上。近年子どもジャーナリスト（Journalist for Children）として活動。2019年にNPO法人子ども大学くにたちを設立し、同理事長に就任して以来「SDGs子ども大学運動」を展開している。

■監修
渡邉 優（わたなべまさる）
1956年東京生まれ。東京大学卒業後、外務省に入省。大臣官房審議官、キューバ大使などを歴任。退職後、知見をいかして国際関係論の学者兼文筆業へ。『ゴルゴ13』の脚本協力も手がける。著書に『知られざるキューバ』（ベレ出版）、『グアンタナモ アメリカ・キューバ関係にささった棘』（彩流社）などがある。外務省時代の経験・知識により「SDGs子ども大学運動」の支柱の1人として活躍。日本国際問題研究所客員研究員、防衛大学校教授、国連英検特A級面接官なども務める。

■表紙絵
黒田征太郎（くろだせいたろう）
ニューヨークから世界へ発信していたイラストレーターだったが、2008年に帰国。大阪と門司港をダブル拠点として、創作活動を続けている。著書は多数。2019年には、本書著者の稲葉茂勝とのコラボで、手塚治虫の「鉄腕アトム」のオマージュ『18歳のアトム』を発表し、話題となった。

■絵本
文：稲葉茂勝（いなばしげかつ）
絵：バロン吉元（バロンよしもと）
旧満州生まれ、鹿児島県指宿市育ち。1959年に漫画家デビュー。その後劇画ブームの全盛期を築いた1人となり、代表作である『柔侠伝』シリーズ、『どん亀野郎』、『黒い鷲』他、多数の作品を発表。2019年日本漫画家協会賞 文部科学大臣賞 受賞。

■編さん
こどもくらぶ
編集プロダクションとして、主に児童書の企画・編集・制作をおこなう。全国の学校図書館・公共図書館に多数の作品が所蔵されている。

■編集
津久井 恵（つくいけい）
40数年間、児童書の編集に携わる。現在フリー編集者。日本児童文学者協会、日本児童文芸家協会、季節風会員。

■G'sくん開発
稲葉茂勝
（制作・子ども大学くにたち事務局）

■地図
周地社

■装丁・デザイン
矢野瑛子・佐藤道弘

■DTP
こどもくらぶ

■イラスト協力（p28-29）
ウノ・カマキリ

■写真協力
p11：©東京ガス
p12：©Yongnian Gui - Dreamstime.com
p13：©Pohan Chen
p14：©NTT
p14：仙台市建設局
p15：中国電力ネットワーク
p16：©Oxfam East Africa
p17：©Vanderspuyr
p17：©くろふね
p18：©BjørnChristianTørrissen
p19：©Mollyrose89
p20：©Cecil Dzwowa ¦ Dreamstime.com
p21：©Ndiwulira
p22：Vertical / PIXTA（ピクスタ）
p22：©Grobler Du Preez ¦ Dreamstime.com
p24：©Yongnian Gui - Dreamstime.com
p26：©Nemanja Trifunovic - Dreamstime.com

SDGsのきほん 未来のための17の目標⑩ インフラ 目標9　　　　N.D.C.601

2020年11月　第1刷発行　　2023年1月　第4刷

著　　　稲葉茂勝
発行者　千葉 均　　編集　原田哲郎
発行所　株式会社ポプラ社
　　　　〒102-8519　東京都千代田区麹町4-2-6
　　　　ホームページ　www.poplar.co.jp
印刷・製本　図書印刷株式会社

31p 24cm
ISBN978-4-591-16742-7

漫画家からのメッセージ

ぼくは、稲葉さんの書いた絵本の原作を読んだとき、とてもおもしろく感じました。と同時に、どうやって絵にしたらよいかという悩みのはじまりでもありました。ぼくにとって絵本の王様といえば『はだかの王様』でしたが、王様が登場するあらゆる絵本を調べてみました。テーマは、「リープフロッグ現象」。それも、王様にとって都合のよい面と、自分の地位をおびやかす都合の悪い面を同時にえがかなければならない！　しかも、おとなが読んでもおもしろいことをえがかなければならない！　それは、むずかしい仕事でした。ぼくは何度もラフをえがきなおしました。そうしているうちに、主人公のバロンはもちろん、王様もかっこよくえがきたいと思ったのです。もうひとつ、この絵本のむずかしさがありました。絵本なのに、子どもが登場しないこと。子どもが感情移入しやすいものを登場させないで、子どもにわかってもらう絵本……。そこでぼくは、リープフロッグ現象のフロッグが「カエル」の意味なので、絵のなかにカエルをえがきこんだのです。果たして、成功したかどうか？　でも、読む人の目を絵本に向けてもらうことで、全体を読んでみる気にさせるという役割は果たせたはずだと思っています。そもそもこの目標9「強靭（レジリエント）なインフラ構築、包摂的かつ持続可能な産業化の促進及びイノベーションの推進をはかる」は、SDGsの目標のなかでも難解なテーマの1つです。「レジリエント」「インフラ」「イノベーション」は、おとなのぼくでもよくわからない。その内容をみんなに読んでもらうために導入の巻頭絵本をえがくのは、やりがいのある仕事でした。それにしても、稲葉さんが、主人公の名前を「バロン」としてきたのには、してやられました！　バロン吉元

SDGsのきほん 未来のための17の目標

全18巻

G'sくんのつくりかた

G'sくんは
ぼくだよ。

パーツ Ⓐ Ⓑ は同じ色の折り紙でつくるよ。
Ⓐ Ⓑ の順につくってから合体してね。

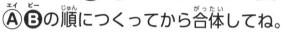
Ⓐ　Ⓑ

パーツ Ⓐ のつくりかた

2回折って、4分の1にする。

すべて
開く。

中心に向けて折る。

半分に折る。

まん中であわせる

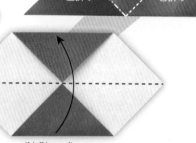

山折り　　谷折り

パーツ Ⓑ のつくりかた

2回折って、4分の1にする。

すべて
開く。

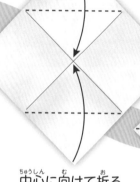

中心に向けて折る。

半分に折る。

まん中であわせる

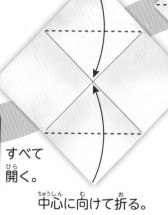

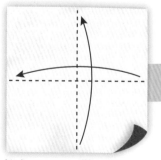

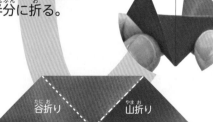

谷折り　　山折り